Anita Friedrich

Sag mir, was ist Frieden

Kindergedichte aus Israel

Impressum:

Copyright der Neuausgabe: Anita Friedrich

Übersetzung aus dem Hebräischen: Jaakov Hessing

Titelfoto: Shutterstock Foto Nr. 213160369

Foto Rückseite: Shutterstock 70531792

Fotoausschnitt: Shutterstock 71686606

Unter dem Titel ‚hashalom sheli' erschienen die Gedichte 1974 bei der American Israel Publishing Company Ltd. und Sonol Israel Ltd.

ISBN-13: 978-1516809035

ISBN-10: 1516809033

Der Reinerlös dieses Buches ist für Kinder aus jüdischen, christlichen und moslemischen Familien in Israel bestimmt.

Wenn jener Tag anbricht, werden Wölfe bei den Lämmern wohnen, und der Tiger lagert bei dem Böcklein. Ein kleiner Junge wird junge Löwen und Kälbchen miteinander weiden

Nach Jesaja 11.6

Es sind die Erwachsenen, nicht die Kinder, die für den Schmerz, das Leid und den Hass in der Welt verantwortlich sind, aber es sind die Kinder, die hauptsächlich darunter zu leiden haben. Kaum geboren, werden ihnen schon Feindbilder eingeimpft, erfahren sie, wen sie zu lieben, wen zu hassen haben Gerade in miteinander verfeindeten Ländern wachsen Kinder in einer Atmosphäre auf, die ihnen nur wenig Spielraum für eigene Erfahrungen mit dem anderen lässt, und so werden aus ihnen wieder Erwachsene, die sich nicht überwinden könne, dem ‚Feind' die Hand zu reichen.

Dennoch ist in jedem Menschen die Sehnsucht nach Frieden, manchmal tief in ihm verborgen, aber es gibt sie, diese Sehnsucht. Und vor allem Kinder, die Feindschaft und Krieg nicht nur aus dem Fernsehen kennen, sondern tagtäglich auf die eine oder andere Weise am eigenen Leib erfahren, sei es durch persönliche Bedrohung, durch Angst um Familienmitglieder, durch Freunde, die durch Terrortaten oder verirrte Schüsse ums Leben gekommen sind, sehnen sich nach einem Stückchen Normalität in ihrem Alltag, nach Frieden. Das ist im Nahen Osten nicht anders, als in Europa, Afrika oder den USA.

Indem wir Kinder von ihrer Geburt an in unsere Konflikte einbinden, verhindern wir den Frieden. Kein Kind kommt mit Hass im Herzen auf die Welt. Kein Kind wird für den Krieg geboren. Beginnen wir endlich damit, eine Welt zu schaffen, in der Kinder ohne Angst am Abend schlafen gehen und am Morgen aufwachen können.

Bei dem eBook ‚Sag mir, was ist Frieden', handelt es sich um Gedichte, die Kinder aus jüdischen, moslemischen und christlichen Familien in Israel geschrieben haben, doch sie stehen für die Sehnsüchte all der Kinder, die Tag für Tag, Nacht für Nacht darunter leiden müssen, dass es die Erwachsenen nicht schaffen, ihre Welt lebenswert zu machen.

November 2011
Anita Friedrich

Inhalt

Mein Frieden

Mein Frieden, ich finde ihn
in jedem Lächeln,
in jedem frohen Gesicht.
Er lächelt mich an, mein Frieden,
in glücklichen Kinderaugen,
beim Spiel von Kindern auf der Straße
winkt mir mein Frieden zu.
Immer ist er da,
wie eine Hoffnung, die im Herzen steht,
weil nie mein Frieden mehr
und nirgends mir
verloren geht.

Margit (15 Jahre alt)

Gebet

Was soll ich mir wünschen, lieber Gott?
Ich habe alles,
was ich brauche.
Nur eines wünsche ich mir –
Doch nicht für mich allein,
für viele Mütter, Kinder, Väter,
nicht nur in diesem Land,
auch in fremden und feindlichen Ländern.
Ich will mir Frieden wünschen.
Ja, um Frieden bitte ich,
und einem kleinen Mädchen
schlägst Du sicher
keine Bitte ab.
Du hast das Land des Friedens erschaffen,
in dem die Stadt des Friedens steht,
in der das Haus des Friedens war,
aber niemals, niemals Frieden...

Was soll ich mir wünschen, lieber Gott,
da ich doch alles habe?
Ich wünsche mir Frieden,
nur Frieden.

Shlomith (13 Jahre)

Farben

Mein Farbkasten war gefüllt,
glänzend, leuchtend, mild;
mein Farbkasten war gefüllt –
mit vielen Farben, sanft und wild.

Ich hatte kein Rot für das Blut von Verletzten,
kein Schwarz für das Leid von Verwaisten,
Gehetzten,
kein Weiß für Gesichter von Toten, Entsetzten,
kein Gelb für den Sand, den die Kugeln
zerfetzten.

Ich hatte Orange für Freudengetümmel,
ich hatte nur Grün für den blühenden Baum,
ich hatte mein Blau für unendliche Himmel,
ich hatte nur Rosa für Ruhe und Traum.

Ich saß
und malte
Frieden.

Tali (13 Jahre)

Ich fragte

Ich fragte einen Soldaten:
Willst du zum Frieden uns raten?
Erwiderte mir der Soldat:
Ja, Frieden – so lautet mein Rat!
Dann wird es kein Schießen mehr geben,
und man könnte in Ruhe leben.

Ich fragte meine Mama:
Frieden – nein oder ja?
Erwiderte meine Mama:
Frieden ist wunderbar!
Er ist unser größtes Glück,
bringt uns den Vater zurück.

Den kleinen Bruder sprach ich an,
der eben aus der Schule kam:
Welch neues Wort hast du geschrieben?
Da sagte er: Wir schrieben Frieden.
Dem Feind reichen wir die Hände
Und leben selig bis ans Ende.

El'ad (11 Jahre)

Ich bin der Frieden

Frieden bin ich
ich bin der Frieden
ich bin ein Mensch
zum Frieden geboren
stört mich nicht
ihr metallenen Klänge
Kanonen Panzer
Kampflugzeuge
denn ich bin der Frieden

Baruch (8 Jahre)

Dann, vielleicht dann

Wenn Sonnenstrahlen über Himmel streichen,
wenn Wolken dem blauen Morgenlicht weichen,
wenn Liebespaare gehen im Abendrot,
wenn alle Welt ihr Schwarz ablegt,
das Kleid der Not –
dann – vielleicht dann – lieber Gott,
vielleicht – kommt endlich der Frieden?

Wenn die Taube in den Wellen des
Meeres ein Ölblatt sieht,
und wenn Du uns wieder verheißt,
dass es nie wieder geschieht,
wenn dunkle Wolken hinter dem
Regenbogen verblassen,
und wenn die Vögel dort oben ihr
Lied erklingen lassen –
Dann – vielleicht dann – lieber Gott,
vielleicht – kommt endlich der Frieden?

Wenn die Schüsse verstummen
Und Schimmel sich sammelt auf den
Gewehren,
wenn alle Soldaten die Fronten
verlassen, um heimzukehren,
wenn Mütter in Nächten wieder die
Augen zumachen,
wenn ihre Söhne nicht mehr an
den Grenzen wachen –
dann – erst dann – lieber Gott,
dann wissen wir endlich,
dass Frieden ist...

Revital (13 Jahre)

Von einem Schrei nach Frieden

Worte beschreiben den Sturm des Krieges.
Sätze rühmen Kampf und Sieg.
Die Feder flüstert von Heldentaten.
Papier zittert leise im drohenden Wind...
Doch nicht davon wollte ich schreiben.
Von einem Schrei nach Frieden
wollte ich schreiben,
der seinen Anfang
in der Mündung des Gewehres nimmt,
zu Füßen des Solden;
von einem Wunsch nach Frieden,
der im Blick des Kommandanten glimmt.
Von einem Ruf nach Frieden,
der durch zerschossene Lüfte zittert.
Und vom Gebet um Frieden
Aus den Mündern jener, die rufen:
„Mir nach!"
Jener, die gefallen sind,
Invaliden oder blind,
Bürger und Soldat und Kind –
Frieden!

Frieda (14 Jahre)

Friedenstraum

Frieden denken : wie von altneuen Sagen
zu träumen, unsterblichen Sagen,
die Zeit nicht bedroht;
ihre ewigen Helden sind Freuden und Plagen,
Liebe zu Leben und Tod.
Frieden träumen : wie an eine Welt
zu denken, die voll Hass ist,
voll Jähzorn, voll Leid;
eine blutige Mär,
die ein herrliches Ende bereit hält,
doch hinter fernen verschlossenen Toren,
so weit ...

Frieden träumen, wenn der Abend sinkt,
sich erheben in der Morgenstille,
Frieden träumen, und zu wissen, unbedingt:
Dass alles sich, alles, erfülle.

Niza (13 Jahre)

Ich verstand

Mein Vati ging zu den Soldaten,
hütete die Grenzen
vom Negev bis Golan,
und alle Feinde liefen vor ihm weg.
Als er dann nach Hause kam,
dachte ich,
man hat die Armee geschlossen
und dass nun Frieden ist.
Doch später rief man Vati wieder
in den Dienst,
und ich verstand, dass noch
kein Frieden ist ...

Eliav (6 Jahre)

Das alles

Narzissen stehen zu sehen:
an langen Palmenalleen;
durch das Blau des Kinneret zu gleiten;
in künftigen Friedenszeiten.

Mit dem Soldaten, der mein Vater ist, zu
lachen,
Ejals Kaserne zu besuchen,
das alles wünsche ich zu machen:
wenn nur der Frieden käme.

Um alle Länder zu beglücken,
frohe Botschaft auszuschicken
in meines Volkes Namen:
dass Friedenstage kamen!

Matti (9 Jahre)

Der Traum von der Flöte

„Schau", sagte mir ein junger und netter Soldat.
„Frieden ist nicht so einfach wie man sich
vorgestellt hat. Aber besser zu warten und hoffen
als immer beklommen zu sitzen und weinen, weil
Kriege und Kämpfe kommen.

Ja, Frieden tritt nicht überraschend ein, doch
einmal dann, mit Sicherheit, werden wir sagen: der
Frieden fängt an.

An diesem Tage werden Fronten schweigen,
werden Grenzen ruhen, die Frauen, die dort
Wäsche hängen, werden es lachend tun.
Mensch wird Mensch nicht töten, nicht schlagen in
blinder Wut, Länder nicht verwüsten, die Erde
nicht tränken mit Blut."

So sprach mein Freund und sagte noch:
        „Möge Frieden sein!"

Nachts, in meinem Bette, schlief ich träumend ein.
Ich träumte einen blauen Himmel, blau und
wolkenleer, träumte lachende Kinder und stilles
Meer.
Und dort, am Rande des Himmels, weit, unendlich
weit, spielte ein Knabe die Flöte in einem alten,
zerrissenen Kleid.

Die Flöte in seinem Mund klang seltsam in
meinem Gehör, leise zog ihr Spiel alle Waffen
hinter sich her. Verzaubert folgten seiner Flöte
Kanone und Gewehr, verließen folgsam unsere
Welt. Ich sah sie niemals mehr.

Rona (12 Jahre)

Wir werden dich erreichen

Frieden, wir werden dich erreichen,
du kannst uns nicht entweichen.
Wenn du auch heute nur Träume
bist, Schäume –
wir werden dich erreichen.

Blumen schmücken
die Kanonen,
die wir pflücken,
um jungen Soldaten
ihre Taten
mit tausend Sträußen zu lohnen.

Und solltest du auf deinem Wege säumen –
wir werden immer von dir träumen.
Wir werden dir entgegenstreben
ein ganzes Leben,
und es wird keine Kriege geben.

Durch Friedenslieder
werden wir den Feinden überlegen sein,
die Leiden dieser Welt beheben.
Bitte, fliehe nicht,
halt ein,
und es wird keine Kriege geben.

Shalom (14 Jahre)

Eine kunterbunte Welt

Gestern habe ich geträumt,
sah ein großes Farbenfeld,
eine kunterbunte Welt;
Grau, von Rot umsäumt,
auch ein tiefes Braun
und am Rande helles Grün
waren dort zu schau'n.

Ich träumte von Krieg und von frischem Blut,
das am grauen Basalt hing wie Feuerglut;
von Panzern, tiefbraun angestrichen,
und auch von Khakihemden,
die hellgrün in der Sonne blichen.
Ich sah den Feind in vollen Lauf ...
Und dann, ganz plötzlich, wachte ich auf.

Heute habe ich geträumt,
sah ein großes Farbenfeld, eine kunterbunte Welt;
Grün und Purpur,
Weiß und Blau
Und ein helles Braun,
das fast die ganze Stadt erfüllte.
Ein grüner Rasen, der purpurn blüht,
Sonne, die im blauen Himmel glüht.
Weiße Taube kreist am Himmelszelt,
und ein Mädchen, das den Vater in den Armen hält.

Ach, wie gut, wenn Frieden wär',
alle wünschen ihn so sehr.
Leah (9 Jahre)

Wie lange noch?

Lange Jahre träumten wir vom Frieden,
während die Vielen gegen uns Wenige
streiten.
An Gräben von Brüdern, die längst
von uns schieden,
träumen wir alle von besseren Zeiten.
Auch in Feuerpausen, oder wenn wir
siegen,
können wir nicht furchtlos rasten,
weil schwere Träume auf uns liegen
und Schreckensbilder auf uns lasten.
Wie viel Blutströme müssen noch
fließen,
Söhne fallen von Feindes Hand?
Doch sie starben mit dem Wissen:
Hier ist das Verheißene Land.
In allen unseren Häusern brennt
für sie ein Licht,
und Tränen benetzen erhobene Hände.
Doch die Hoffnung auf Frieden verlässt
uns nicht.
Wann geht der Krieg zuende?
Wann tritt endlich Frieden ein?
Ein Jahrzehnten fragen wir nun:
Wann werden wir glücklich und sorglos
sein?
Wann werden die Waffen ruhen?

Chaim und Shimon (beide 14 Jahre)

Schön ist's in der Welt

Keiner ist dem andern feind,
der liebe Gott hat alle Welt vereint.
Leute jubeln ohne Ende,
Kinder klatschen in ihre Hände.
Schön ist's in der Welt,
weilt kein Schuss mehr fällt.
Der Vater spielt mit seinem Kind,
seit die Luftschutzkeller verschlossen sind.
Ruhe und Freude sind allen beschieden –
In der großen Welt herrscht Frieden.

Anath (7 Jahre)

Am Fluss des Heiligtums

Wenn ich die Friedensmine entdecke –
steige ich in den Schacht hinunter,
schürfe das edle Friedensmetall
und verteile es unter den Völkern,
auf dass es sich finde überall.
Dann treffen sich feindliche Völker und
Rassen,
die sich heute so bitter bekriegen und hassen,
umarmen einander, erkennen sich im
ersten Blick,
sprechen den Segen und weinen vor Glück.
Später gehen sie zum Friedensfluss,
dem Fluss des Heiligtums,
und dort zerbrechen sie ihre Waffen,
die Zeichen des früheren Ruhms,
schmelzen Düsenjäger ein, machen
Schwerter zur Pflugschar –
Und Jesajas große Worte werden endlich wahr.
Dann schwindet das Leid aus unserem Leben,
als hätte es niemals Enttäuschung gegeben.
Die Feindschaft wird versinken auf alle Zeit,
und mit ihr die Furcht – im Grabe der
Vergangenheit.

Kommt bitte, kommt zum Baum des Friedens,
reicht einander die Hände zum Frieden,
zum Wohle des Glückes, das kommt –
kommt bitte, kommt alle, kommt!

Gassan (13 Jahre)

Und du bist nicht

gekommen

Wir haben dir eine Stadt
gebaut und einen Turm,
und eine Straße haben wir
nach dir genannt,
Tauben haben wir dir
vorbereitet,
und Blumen und Bäume,
Wälder und Felder –
und du bist nicht
gekommen!

Wir dichteten Lieder,
Gebete und Hymnen,
schrieben Geschichten,
fotografierten,
malen dir Bilder –
und du bist nicht gekommen!

Selbst ein Opfer haben
wir gebracht.
Das Opfer des Lebens.
Und du bist nicht
gekommen.

Sag bitte, sag,
was noch fehlt – und wir
laufen.
Eilen und beschaffen es.
Sag's schon, und komm
endlich –
Frieden!

Navah (15 Jahre)

Die Taube

Wenn der Kanonenschuss verklingt,
senkt sich ein Schweigen über Haus und Feld,
das eine weiße, weiche Taube mit sich bringt,
die einen Ölzweig in dem Schnabel hält.

Es schwebt die weiße, weiche Taube
kreisend über jedem Haus und Garten,
auf die Fellachen im Felde und Winzer
unter der Traube
und Falken in der Höhe voller
Sehnsucht warten.

Es fliegt die Taube zu den Grenzen,
wobei sich aller Augen auf sie richten,
auch auf die Wolken, die sie leicht
umkränzen
und auf die Sonnenstrahlen, die sie sanft
umlichten.

Und als die Nacht über die Grenze kam,
im Flügelschlage Träume brachte –
flog die Taube still in einen hohlen Stamm
und schlief, bis sie am großen Tag erwachte.

Und als die Sonne hoch über den Bergen
stand,
die letzten Träume in die Winde schlug –
da flog die Taube neben tausend Vögeln
durch das Land,
und frieden bringend folgte der Messias
ihrem Flug.

Miki (10 Jahre)

Der Ballon

Wenn der Frieden kommt,
wünsche ich mir nur ein kleines Geschenk –
einen Ballon.
Aber nicht einen einfachen Ballon,
sondern einen ganz besonderen Ballon,
einen Ballon, an dem ein Drachen hängt,
auf dem das Wort steht:
„Frieden!"

Den Ballon schicke ich in alle Welt,
und eines Tages blick ich in die Höhe,
und der Drachen kommt zurück,
ohne Ballon, doch mit einer Million Juden.
Und dann, wenn Friede ist –
Dann bin ich der glücklichste Mensch auf der
Welt.

Rachel (7 Jahre)

Ich finde die Kriege nicht schön

Ich finde die Kriege nicht schön,
an deren Ende Grabsteine stehen,
der Kampf gefällt mir nicht,
auch wenn er woanders ausbricht.

Der Frühling ist mir lieb,
der bunte Blüten trieb
auf großen, grünen Feldern,
und Winde in den Wäldern.

Der Tau ist's, der mir Freude macht.
Ich liebe die nächtlichen Sterne
und den Duft von Jasmin in kalter Nacht.
Auch höre ich nachts den Regen gerne.

Ich finde die Kriege nicht schön,
auch Blumen nicht, die an Grabsteinen stehen;
den Frieden liebe ich,
und er kommt sicherlich.

Matti (9Jahre)

Eure Hoffnung ist erfüllt

Wenn der Frieden einst beginnt,
Träume wahr geworden sind,
der Messias auf weißem Pferde
golden reitet über die Erde,
in der Hand ein großes Schild:
„Eure Hoffnung ist erfüllt!" –
brauchen die Frauen nicht zu sehen,
dass die Männer, Söhne, Brüder
in die Kriege gehen;
kleine Mädchen fragen nicht
tagaus, tagein:
„Mutti, müssen Kriege sein?"
In Spielzeugläden gibt es viele
Baukästen und Würfelspiele,
doch überall, im ganzen Land,
sind Spielzeugwaffen unbekannt.
Alle lächeln alle an,
wie man's nur im Frieden kann.
Keine Toten, keine Wunden,
kein Alarm zu späten Stunden.
Stöhnen, das aus Mauern drang,
wird zu Jubel und Gesang.

Tammi (9 Jahre)

Muhamad und ich

Wenn Frieden ist –
Rennen wir durch Wald und Weide,
übers Feld und durch Getreide –
Muhamad und ich.

Wenn Frieden ist,
nimmt Muhamad meine Hand,
geht mit mir durchs Jordanland,
und wir singen frohe Lieder.

Wenn Frieden ist,
gehen wir auch beide
einmal auf die Reise
nach Jerusalem.

Wenn Frieden ist,
machen wir uns beide auf,
steigen nach Gilead hinauf,
freu'n uns, weil wir Freunde sind.

Tamar (9 Jahre)

Freier Vogel

Sag mir, sag mir, freier Vogel
wie hört man auf, mit
Kanonen zu schießen,
mach dass hier Frieden wird,
Frieden
Freier Vogel freier Vogel,
mach dass hier Frieden wird,
Frieden

Michal (7 Jahre)

Gib uns die Kraft

Schade, schade, dass es dazu kam ...
Vergessen wir, und fangen wir von Anfang an.
Wir geben es nicht auf,
den Frieden von morgen zu lieben.

Gib uns den Willen, den Schmerz zu stillen,
der Krieg sich nennt, auf unserer Seele brennt;
gib uns die Kraft, ein wenig Glück zu fühlen
in unserem eigenen Haus, in unserem eigenen
Land;

den Jom Kippur zu ertragen, der Tag der
Tränen,
das Shofar zu hören, nicht Sirenen.
Jährlich werden wir den Toten Jiskor sagen,
denn sie haben uns das Leben aufgetragen.

Idan (10 Jahre)

Einst

Herr und Gott, sei gepriesen,
bring Deinem Volke Frieden!
Mach, dass der Stahlhelm zum Blumentopf werde.
Glänzende Orden vergraben wir tief in der Erde.

Dann machen wir Ferien im Libanon,
und die Ägypter ruhen aus auf dem Hermon.
Auf der Grenze wird ein Kindergarten stehen,
in den jüdische und arabische Kinder gehen.

Eine Schaukel wird dort unter den Kanonenrohren
schweben,
Spinnen werden ihre Netze auf Pistolenläufen
weben;
Mein Vati wird sitzen und die Zeitung studieren,
statt oben im Norden Krieg zu führen.

Das Schlachtfeld wird ein Spielplatz füllen,
wo viele tausend Kinder spielen;
dann hört das Blutvergießen auf,
und endlich nimmt Frieden seinen Lauf:

mein Vati wird die Pfeife rauchen
und keine Uniform mehr brauchen;
zu Purim gehe ich nie wieder als Soldat einher,
denn so was gibt's dann nicht mehr.

Efrat (11 Jahre)

Der Frieden ist ein Mond

Der Frieden ist ein Mond, der in die Stadt
hinuntersieht,
und still ist diese Stadt, auf die er scheint;
der Frieden bringt Klänge von Freude und
Liedern
in diese Stadt, die nur von Lachen weint.

Der Frieden ist ein alter Großvater,
der seinen Mantel im Himmel ausbreitet
wie ein Segel, unter dem er die Kinder
über Grenzen und Länder und Meere geleitet.
Sein Bart ist lang und weiß und hehr,
und blau sind seine Augen wie das Meer.

Der Frieden ist Gesang von Bauern unter
grünen Zweigen,
deren Lippen ein glückliches Lächeln erhellt;
singende Kinder, die tanzen im Reigen,
leuchtende Sterne am Himmelszelt.

Die Vögel zwitschern auf Bäumen,
die Winde im Grase wehen,
die Halme im Felde träumen:
„Frieden, wie bist du so schön!"

Den Tag, da Frieden Stadt und Land beglückt,
Kanonen das Leben nicht mehr bedrohen,
da sich das Land im Festkleid schmückt –
den Tag wird uns die Sonne tausendfach erkennen.
Michal (13 Jahre)

Dann wissen wir, dass

Frieden ist

Wenn plötzlich Sonne blendend durch das
Dunkel sticht,
wenn keine Wolken ihre Strahlen bricht,
und wenn das ganze Feld von Blumen
überfließt ,
dann wissen wir, dass Frieden ist.

Wenn Kinder nicht mehr in die
Luftschutzkeller
müssen,
wenn nirgends mehr Kanonen schießen,
und wenn man nachts den Vater nicht
vermisst,
dann wissen wir, dass Frieden ist.

Wenn wir nach Syrien reisen oder in den
Libanon,
furchtlos Schlitten fahren können auf dem
Gipfel des Hermon,
und wenn man sich freundlich im syrischen
Kurort begrüßt,
dann wissen wir, dass Frieden ist.

Wenn keine Todesnachricht uns das Leben
mehr verbittert,
wenn man nicht mehr vor den Terroristen
zittert,

wenn keine Angst mehr in den Herzen unserer
Bürger frisst,
dann wissen wir, dass Frieden ist.

Wenn man die Schwerter zu Pflugscharen
macht,
wenn keiner mehr unsere Schulen bewacht,
und wenn ihr Achtzehnjährigen nicht mehr
Soldaten werden müsst,
dann wissen wir, dass Frieden ist.

Ayelet (13 Jahre)

Der Engel

Ach, Mutter, im Traum
habe ich einen Engel mit weißen
Flügeln gesehen,
der Gewehre zerlegt
und Kanonen zerschlägt,
sie alle in Brand setzt
und zu Asche werden lässt.

Ach, Mutter, im Traum
habe ich einen Engel mit weißen
Flügeln gesehen,
er nahm die Asche in die Hand,
verstreute sie im ganzen Land.
Und plötzlich begann die Asche zu
Leben,
als Taube am östlichen Himmel zu
schweben.

Ach, Mutter, im Traum
habe ich einen Engel mit weißen
Flügeln gesehen,
und Moses und Mohammed mussten
zum Zeichen,
des Friedens einander die Hände
reichen.

„Sünder", donnert seine Stimme,
„Sünder!
Eilt euch, eilt euch! Schnell, Sems
Kinder –
dort kommt er, der Bote des Friedens,
und singt einen Psalm des Friedens!"

Gasub (14 Jahre)

Du weißt ja gar nicht

Wann, sagt, wann ist's endlich Zeit?
Wird Frieden in Israel Wirklichkeit?
Wir sind müde geworden, das Joch zu tragen,
wollen fast in der ständigen Spannung
verzagen.
Der Frieden ist zehntausendmal
Schöner als die lange Qual
des Krieges. Im Frieden werden Vögel singen
in Gärten, die uns Freude bringen.
Keiner liegt dem anderen in den Haaren,
wir können nach Syrien fahren,
unsere Nachbarn besuchen,
uns nicht mehr beschießen und nicht mehr
verfluchen,
und die nahen und die fernen
Städte Arabiens kennen lernen.
Feindschaft ist dann unbekannt,
Freundschaft bindet Land an Land.
Ach, Frieden, wie sehr die Welt dich vermisst,
du weißt ja gar nicht, wie nötig du bist.

Tali (10 Jahre)

Das Wort der Wahrheit

Seid herzlichst gegrüßt – ich will ein Gedicht über den Frieden schreiben, in dem auch ich mich dem Wunsch anschließe, und der Hoffnung, dass der Frieden in unser Land kommen möge.

Frieden ist das Wort der Wahrheit, das jede Zunge kennt,
überall und jederzeit wird es gesagt,
um der Sehnsucht der Väter
nach Ruhe und Sicherheit Ausdruck zu geben
und die Qualen von uns fernzuhalten,
die die Waffen mit sich bringen.
Um dem All seinen Baldachin der Freude wiederzugeben
und es vor Tränen zu schützen und Plagen.
O, Bürger der Erde! Singt die Lieder des Friedens
Zum Wohle ewiger Liebe und Freundschaft,
und die Jahre unseres Lebens
werden wie ein angenehmer Traum vorübergleiten
und keine Sorgen werden wir wissen, keine Furcht.

Chaled (14 Jahre)

Gestern und Heute

Als meine Mutter so alt war wie ich,
fing der Befreiungskrieg an.
Einwanderer kamen in unser Land
Kampflärm von Granaten und Gewehren
begann.

Als meine Mutter so alt war wie ich,
sang sie vom Ende der Schlacht.
Seitdem sind drei weitere Kriege gewesen.
Frieden haben sie nicht gebracht.

Mehr als fünfundzwanzig Jahre vergingen,
vom Ende der Kriege möchten wir singen.
Düsenjäger Mirage und Phantom erreicht
unser Blick.
Nur der Frieden weicht immer weiter zurück.

Rakefet (10 Jahre)

Wann?

Oh, ihr Friedensfahnen auf jedem Haus,
ihr Taubenflügel und Zweige des Ölbaumes!
Wann breitet ihr euren Segen über die Welt,
damit sich die schönste der Sagen erfüllt?

Fatchi (13 Jahre)

Der Tag

Wann wird Frieden herrschen?
Wann kommt dieser Tag?
Der Tag, an dem sich die Heere auflösen,
Tag, an dem der Hass versinkt,
Tag, an dem die Kriegsschiffe
zu Spielpalästen werden,
die auf dem Wasser treiben.

Der Tag, an dem Kanonen eingeschmolzen
und zu Ausflugsbussen werden;
Tag, an dem die Generäle Blumen züchten.

Wenn der Frieden
alle Völker dieses Erdteils vereint,
wenn Ismael und Israel
sich verbünden...
wenn alle Juden
den Arabern Brüder werden,
wann kommt dieser Tag?

Muhamad (12 Jahre)

Wir hoffen

Gebt dem Frieden eine Chance!
rief er mit seinen Freunden
im schönsten Juli seines Lebens.

Gnadenlos gingen die Tage, Krieg kam.
Er wurde zur Fahne gerufen.
Wieder rief er.

Er rief es in Sehnsucht und Liebe.
Das war auf dem Schlachtfeld.
Im letzten Oktober seines Lebens.

Er war nicht der erste, der nach
Frieden schrie.
Nicht der einzige, der im Krieg fiel.
Einer von vielen, die vergeblich
nach Frieden riefen.

Wir werden weiter rufen, ich weiß.
Ich weiß, es werden wieder Kriege
kommen.
Und dennoch... Frieden, wir hoffen!

Amnon (16 Jahre)

Er wollte nur

Er hat geweint und unendlich gelitten,
wollte nur dieses eine Mal
mit seinem Vater sein in jener Zeit –
den schönen Tagen seiner Kindheit,
an der warmen Hand seines Vaters,
die ihn in den Kindergarten führte,
in die Schule,
und er wollte sich nicht trennen von ihr.
Und es kam der Krieg, entriss ihm die Hand,
für immer, in Ewigkeit!

Auch das arabische Kind hat den Schmerz
gefühlt,
wollte nur dieses eine Mal und immerfort
mit seinem Vater sein an jenem Ort.
Hennen würden gackern, Kühe würden muh'n,
wären glücklich, sängen ihr Abendlied.
Doch der Krieg ließ das Lied verstummen,
das Liebeslied zwischen Vater und Sohn ...

Ach, weshalb ist der Hass so groß?
Warum gibt es keinen
Frieden?

Amit (11 Jahre)

Ein bisschen Frieden

Man braucht ein bisschen Frieden,
dann halten wir die bösen Kriege ein.
So wird die ganze große Welt
von oben bis unten glücklich sein.

In Kriegen und Kriegen und Kriegen
opfern die Helden ihr Leben.
Man braucht ein bisschen Frieden,
und bald wird's keine Kriege geben.

Wenn Krieg und Frieden sich jemals begegnen,
gehört dem Frieden der Sieg,
denn Frieden ist wie Segen,
und sündhaft ist der Krieg.

Moshe (11 Jahre)

Die Botschaft

Hoch ragt Berg Tabor
über Gilboa empor,
und glücklich wie niemals zuvor
hört man die Bergspitzen singen;
reißend gen Genezareth
führt in seinem breiten Bett
der Jordanfluss das Echo mit –
Worte, die unerhört klingen:
komm, komm, komm Frieden,
komm Frieden.

Auch die Fische in den Teichen
geben sich mit Blicken Zeichen,
die die Botschaft weiterreichen,
schnell durchs Wasser tragen;
Winde in den weiten Räumen
melden es den hohen Bäumen,
deren Blätter nicht versäumen,
dir und mir zu sagen:
komm, komm, komm Frieden,
komm Frieden.

Nurit (14 Jahre)

Das Gesicht

Der Frieden steht
der jungen Mutter im Gesicht,
die neben ihrem Sohn geht:
ein Glanz des Glückes
im Licht
ihres Blickes.
Frieden ist
das Wissen,
dass wir nach Jahren
die schweren Falten
nicht sehen müssen,
die ihre Tränen
aufsaugen,
den uralten
Schmerz in ihren Augen.

Das alles ist der Frieden –
für uns so sehr
wie für das andere Volk.
Das alles: und mehr.

Schai (13 Jahre)

Die Sehnsucht ist gestillt

An diesem Tag wird Angst zu
Ruhe,
und Freude macht die Herzen
weit.
An diesem Tage wird der
Hass zu Liebe,
und Neid verzeiht.

Dann kennt das Herz nicht
mehr die Furcht,
die Nächsten zu verlieren;
im Felde werden Juden und
Araber
gemeinsam ihre Pflugschar
führen.

Dann werden wir nach Damaskus
fahren
und an den Grenzen nicht
mehr wachen.
Am Shabbat geht es nach Beirut,
und Urlaub werden wir im
Irak machen.

Im Abendlicht schwebt unser
Land,
alle Sehnsucht ist gestillt.
Die Völker haben sich erkannt,
weil Liebe die Herzen erfüllt.

Michal (12 Jahre)

Morgen

Morgen,
wenn ich ausgeschlafen habe,
kommt vielleicht wie eine Gottesgabe
jene frohe Botschaft, die wir alle längst erwarten,
alle Kinder der Erde:
dass Frieden werde.

Morgen
wird nicht sein wie gestern, nicht so grausam,
als Vater in den Krieg ging und nicht wiederkam.
Morgen, wenn der Frieden kommt,
werden wir die Sonne sehen,
Wiesen, die in Blüte stehen,
keiner wird auf Wache gehen –
und ich fahre nach Syrien, zu einem Freund.

Morgen,
wenn erst der Frieden beginnt,
wird niemand mehr ein Waisenkind.
Meine Freunde werden sich nicht fürchten,
zu mir in den Norden zu fahren
und über vergangene Tage zu lachen,
als wir in den Luftschutzkellern untertauchten,
und nicht zur Schule zu gehen brauchten...

Morgen,
im Frieden, brauchen wir kein Geld
mehr für Waffen und werden uns nur Kühe für den
Kibbuz anschaffen.

Vardit (8 Jahre)

Zeichen

Wenn wir noch Gedichte schreiben über Berge
und Seen,
wenn uns plötzlich, grundlos, Gedanken
aufgehen,
wenn immer noch farbige Bilder entstehen,
so dürfen wir das als ein Zeichen sehen:
ein Zeichen, dass am Himmel noch die Sonne
glühen wird,
ein Zeichen, dass auf Wiesen noch die Blume
blühen wird,
ein Zeichen, dass in keinem Krieg mehr
Menschen sterben
und dass die Himmel sich nie wieder blutrot
färben.
Wenn gestern sich die Luftschutzkeller
schlossen,
wenn tausend Wagen wieder über Straßen
schossen,
wenn Regen statt Tränen zur Erde fällt
und Straßenlaterne das Dunkel erhellt –
Zeichen: der Weg ist noch offen;
Zeichen: wir dürfen noch hoffen –
und Zeichen vielleicht für den neuen Mond,
der eine Welt bescheint, in der es sich noch zu
leben lohnt.

Havazelet (14 Jahre)

Lesen Sie auch:

Anita Friedrich

An einem Freitagabend - Geschichten aus dem
Morgen- und dem Abendland

Ilona wird Kibbuznik (Jugendbuch)